MULTIPLICATION WORKBOOK GRADE 2 MATH ESSENTIALS Children's Arithmetic Books

All Rights reserved. No part of this book may be reproduced or used in any way or form or by any means whether electronic or mechanical, this means that you cannot record or photocopy any material ideas or tips that are provided in this book

Copyright 2016

BASIC MULTIPLICATION

1) 1 x 5 =

2) 6 x 3 =

3) 1 x 3 =

4) 2 x 2 =

5) 15 x 2 =

6) 6 x 1 =

7) 17 x 2 =

8) 7 x 2 =

9) 15 x 5 =

10) 14 x 4 =

11) 4 x 2 =

12) 10 x 3 =

13) 15 x 2 =

14) 18 x 5 =

15) 5 x 4 =

16) 19 x 3 =

17) 19 x 2 =

18) 10 x 2 =

19) 9 x 4 =

20) 4 x 4 =

21) 15 x 3 =

22) 8 x 3 =

23) 8 x 4 =

24) 7 x 1 =

25) 17 x 1 =

26) 4 x 1 =

27) 2 x 2 =

28) 16 x 4 =

29) 11 x 5 =

30) 12 x 3 =

31) 7 x 2 =

32) 20 x 3 =

33) 2 x 3 =

34) 4 x 13 =

35) 4 x 10 =

36) 3 x 4 =

37) 3 x 6 =

38) 4 x 5 =

39) 3 x 3 =

40) 2 x 5 =

41) 4 x 12 =

42) 3 x 5 =

43) 4 x 9 =

44) 3 x 11 =

45) 2 x 8 =

46) 5 x 6 =

47) 4 x 4 =

48) 4 x 13 =

49) 2 x 4 =

50) 2 x 14 =

51) 5 x 10 =

52) 4 x 15 =

53) 2 x 10 =

54) 2 x 10 =

55) 2 x 11 =

56) 5 x 12 =

57) 5 x 1 =

58) 4 x 10 =

59) 5 x 7 =

60) 3 x 12 =

61) 3 x 12 =

62) 4 x 8 =

63) 2 x 7 =

64) 4 x 1 =

65) 17 x 2 =

66) 11 x 2 =

67) 15 x 2 =

68) 18 x 2 =

69) 22 x 2 =

70) 18 x 2 =

FIND THE MISSING FACTORS

1) 2 x __ = 14

2) __ x 7 = 56

3) 21 = 3 x __

4) 6 x __ = 42

5) 42 = __ x 6

6) 18 = 6 x __

7) 3 x __ = 24

8) 25 = __ x 5

9) 56 = __ x 7

10) 8 x __ = 56

11) 56 = 8 x __

12) __ x 2 = 16

13) __ x 2 = 14

14) 8 x __ = 64

15) __ x 3 = 9

16) 10 = __ x 2

17) 5 x __ = 30

18) 48 = 8 x __

19) 12 = 6 x __

20) 5 x __ = 10

21) 16 = __ x 8

22) 10 = 5 x __

23) __ x 2 = 16

24) 8 = 4 x __

25) 4 x __ = 16

26) __ x 7 = 42

27) __ x 6 = 12

28) 40 = __ x 8

29) 30 = 5 x __

30) __ x 3 = 21

TARGET CIRCLES

Complete the circle by multiplying the number in the center by the middle ring to get the outer numbers.

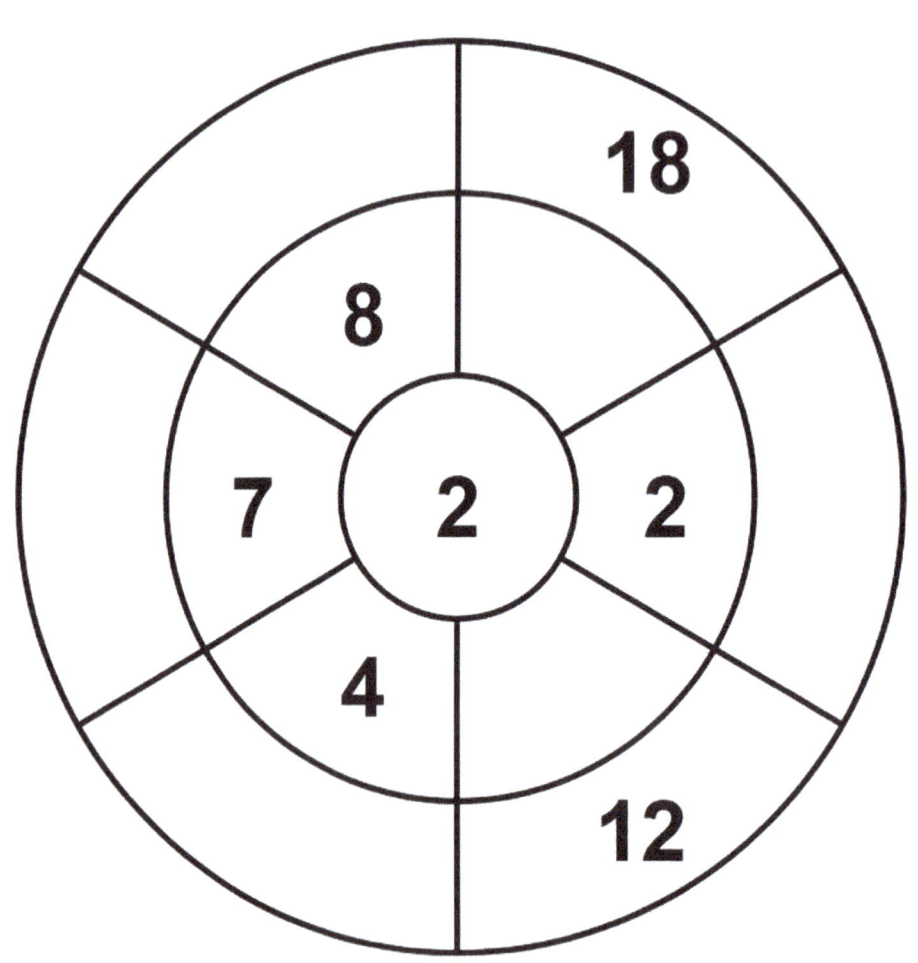

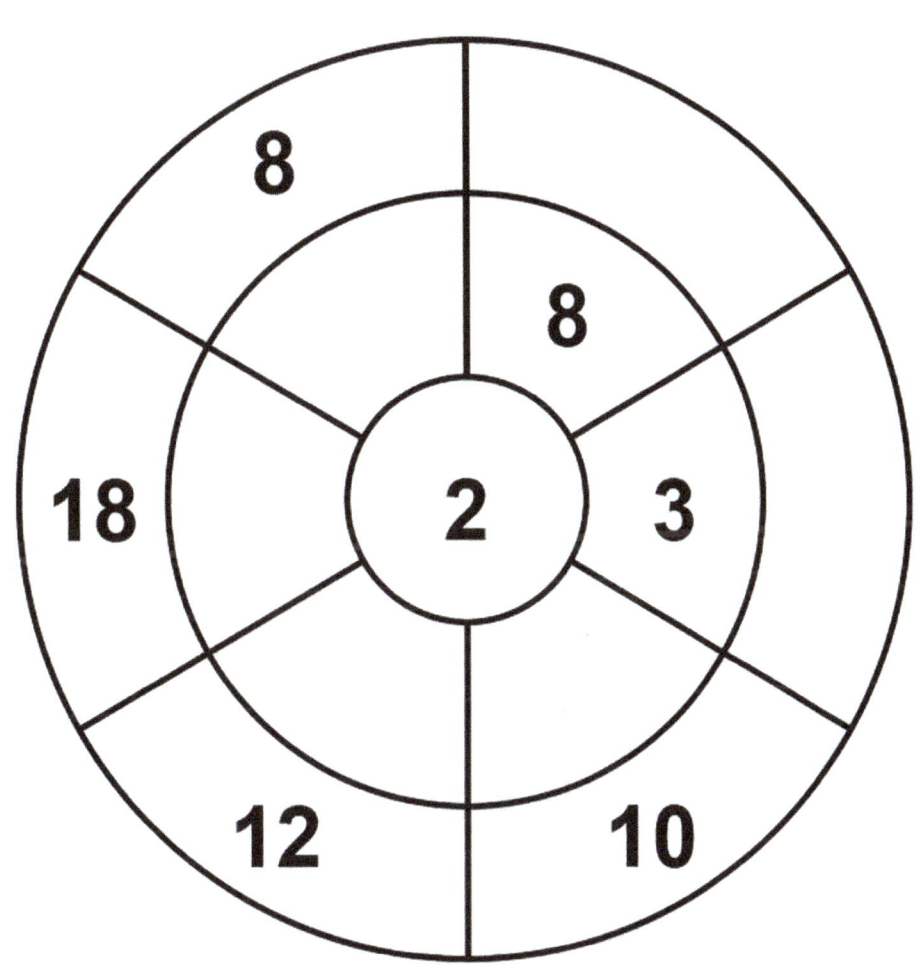

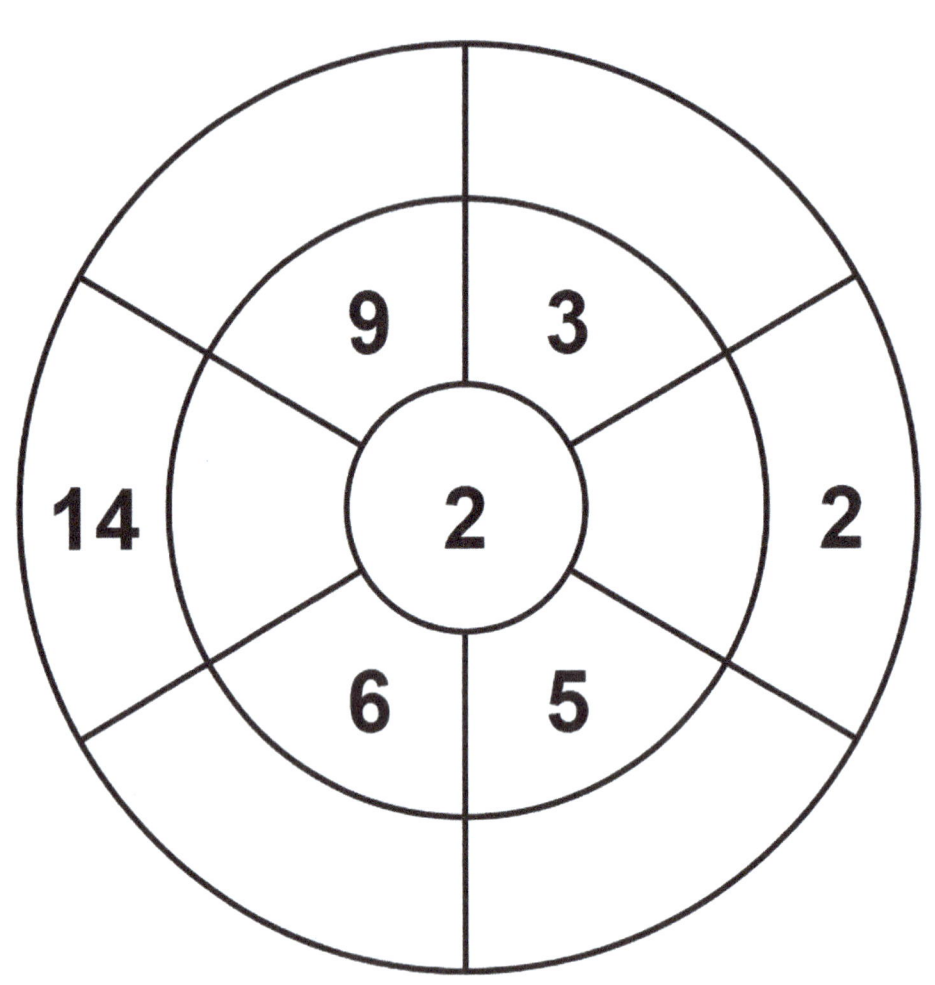

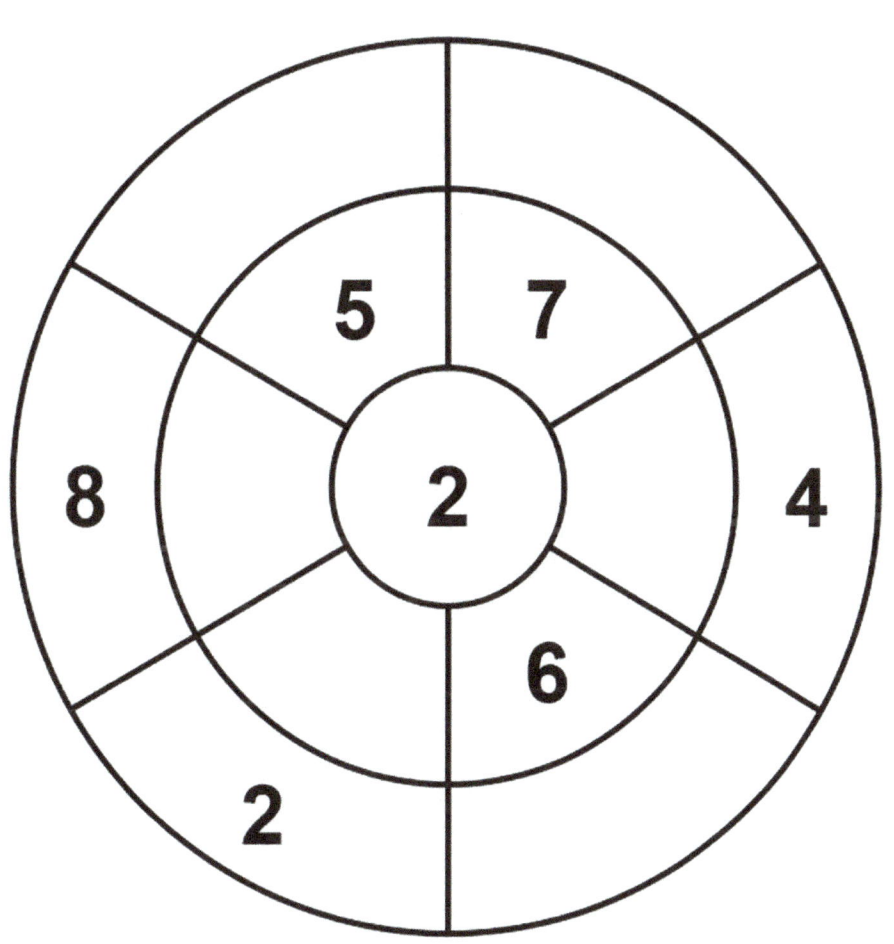

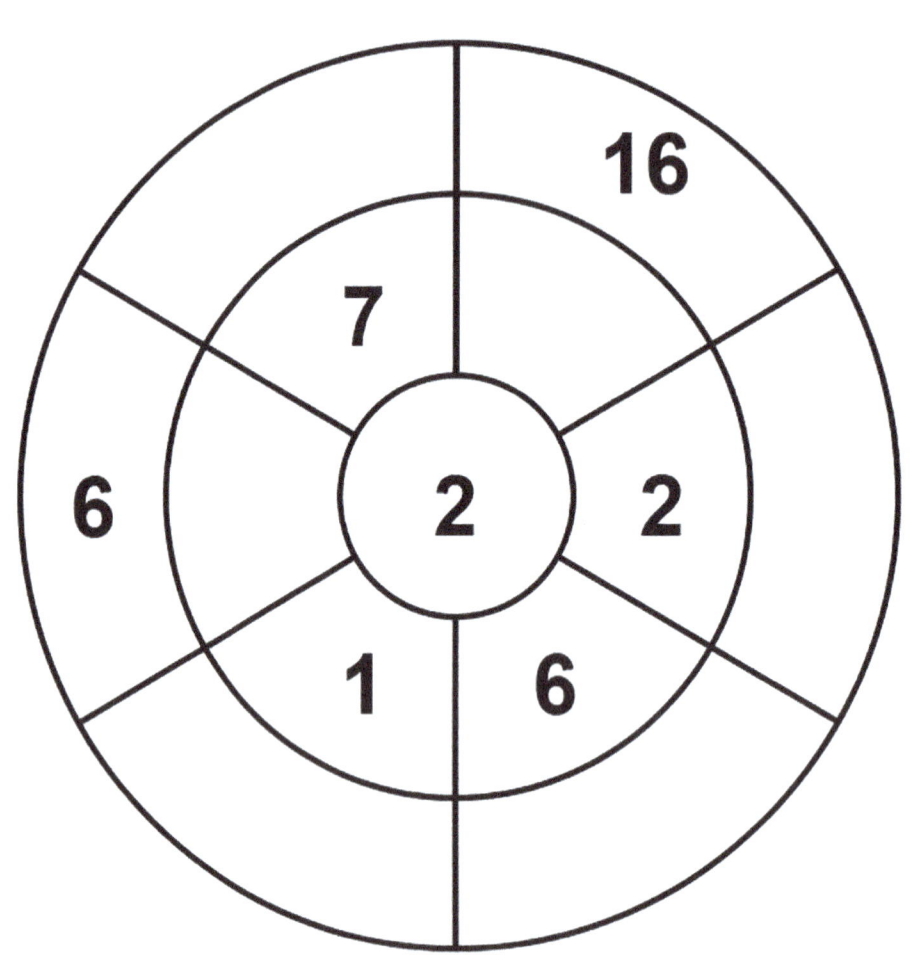

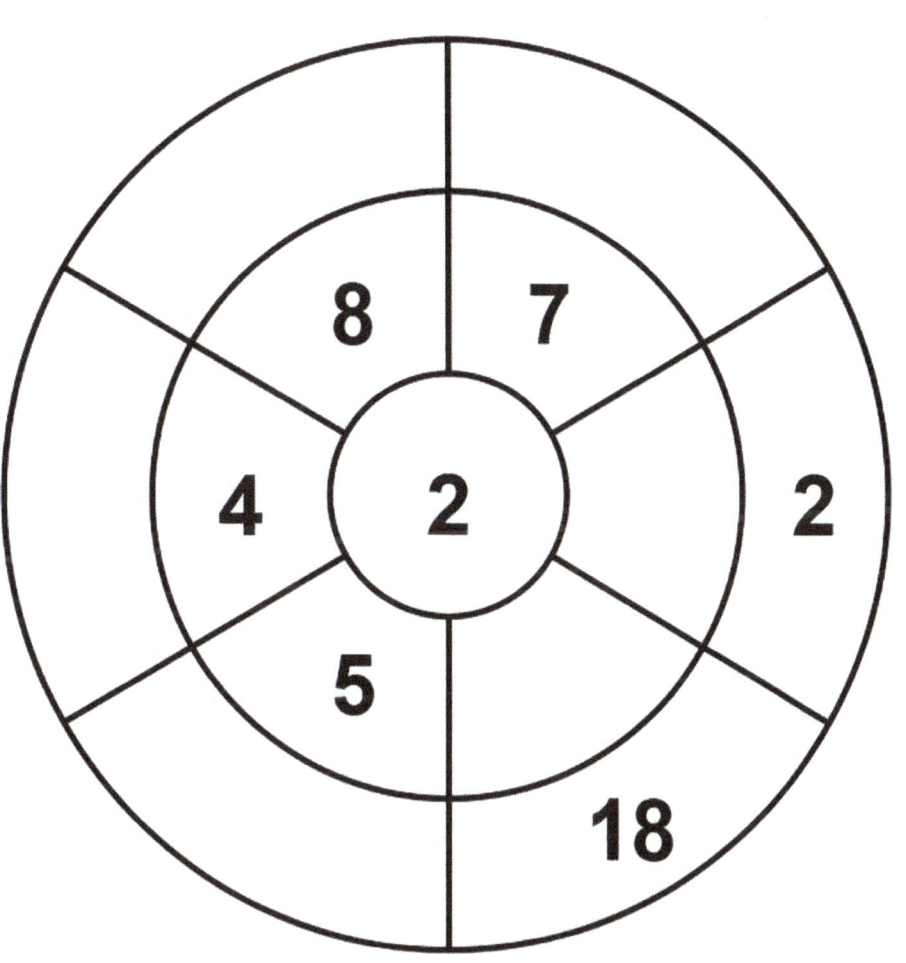

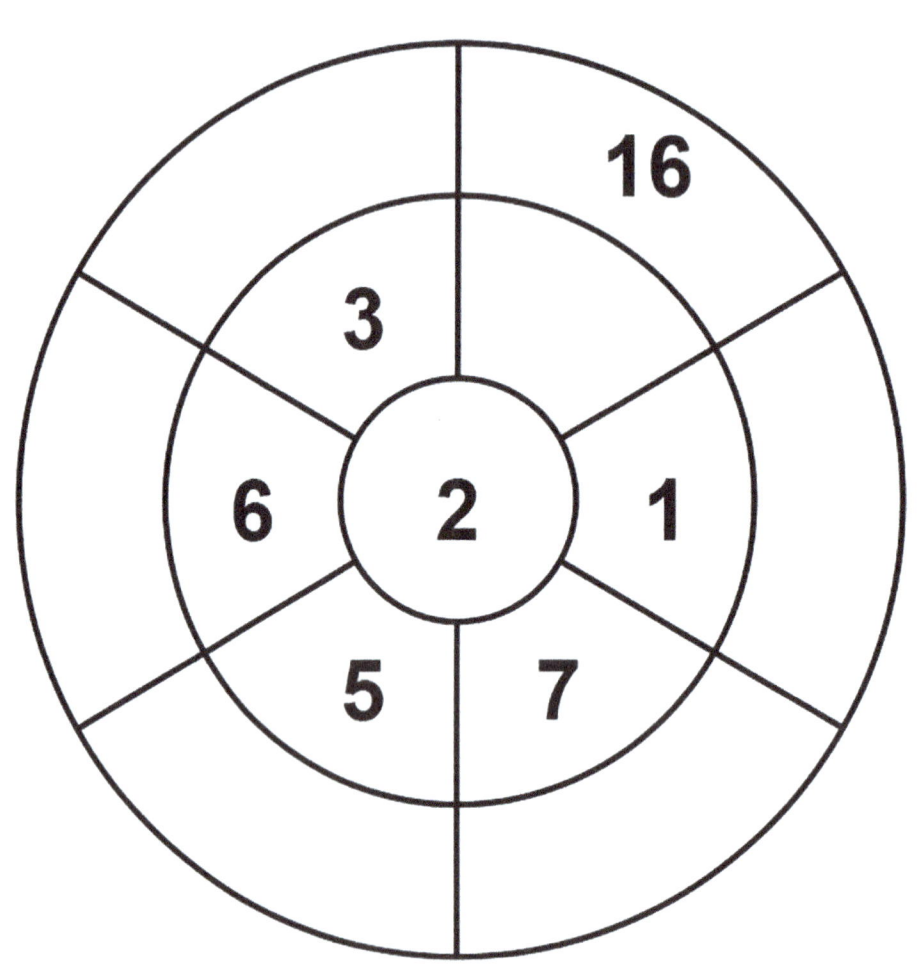

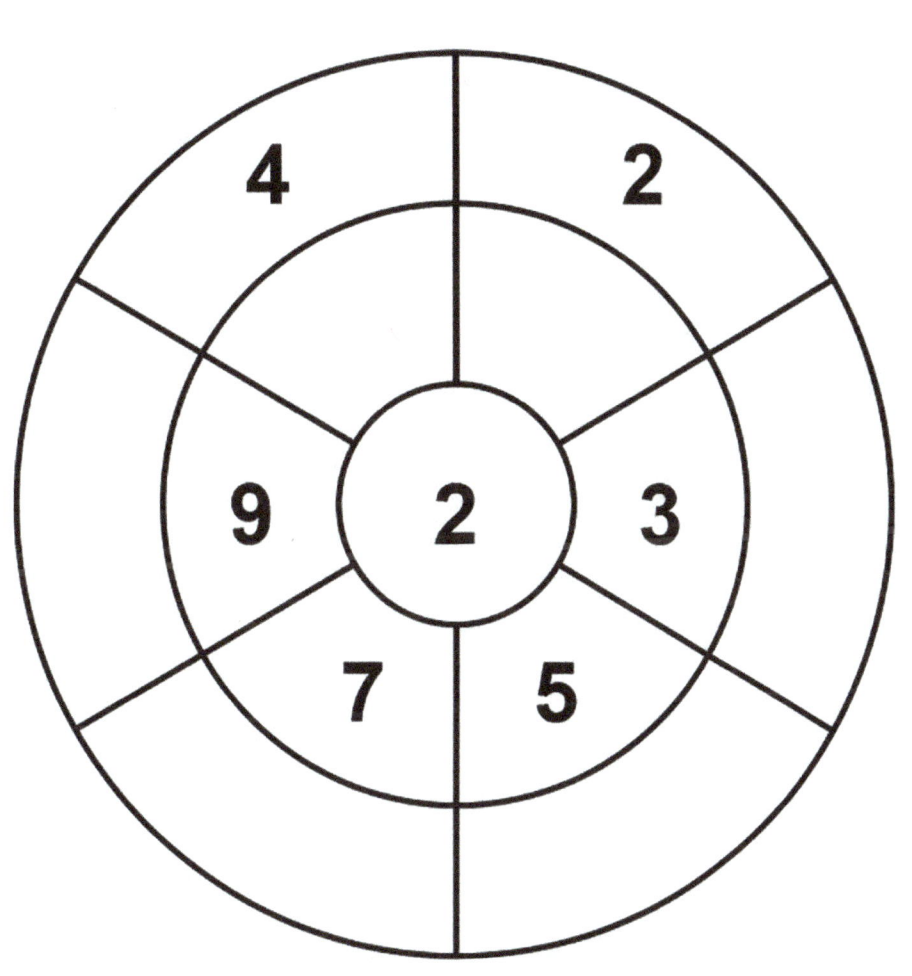

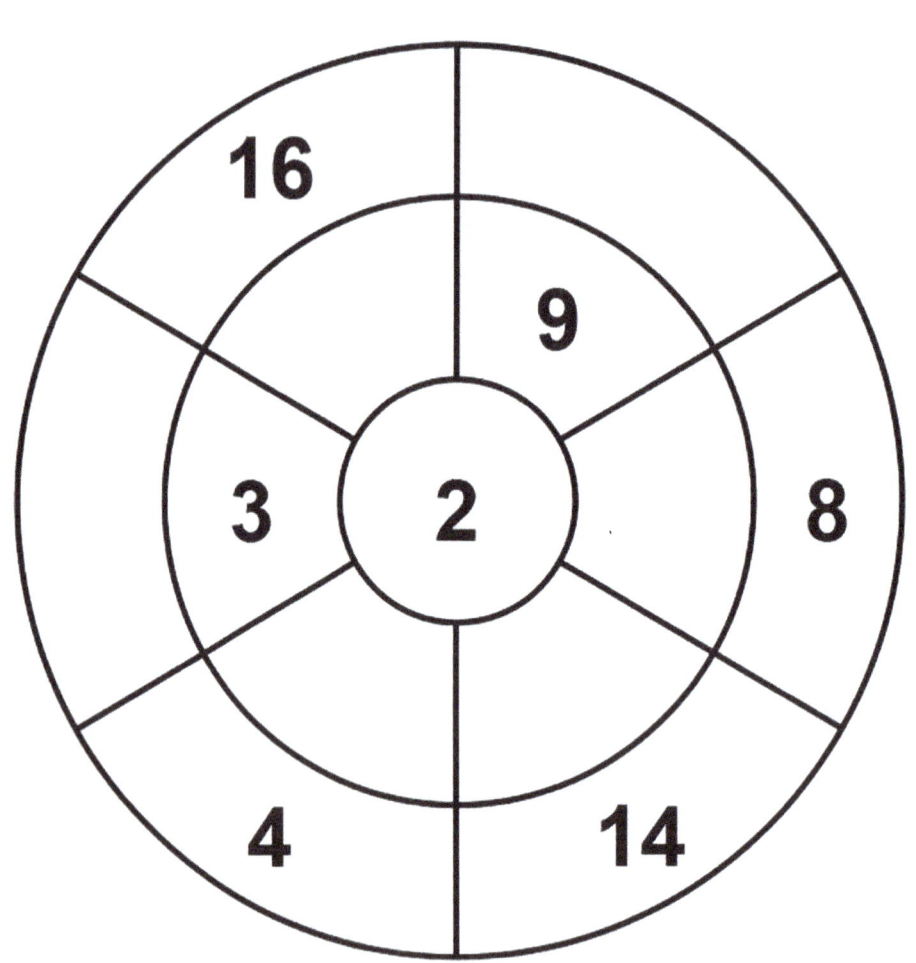

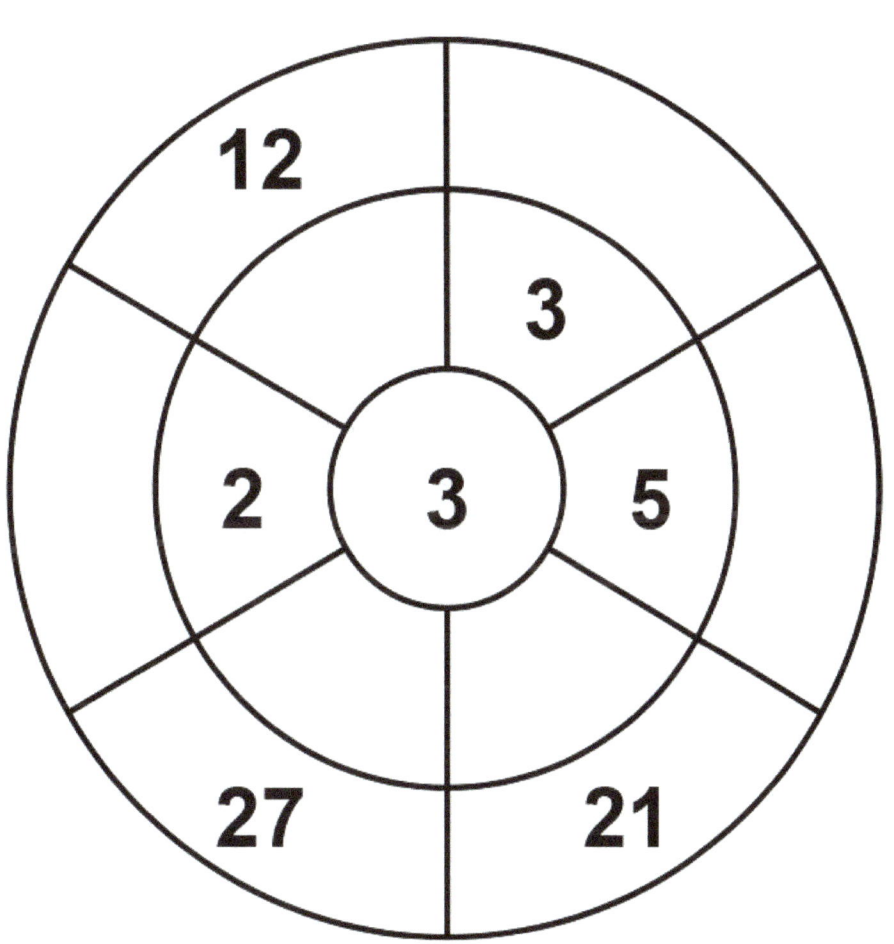

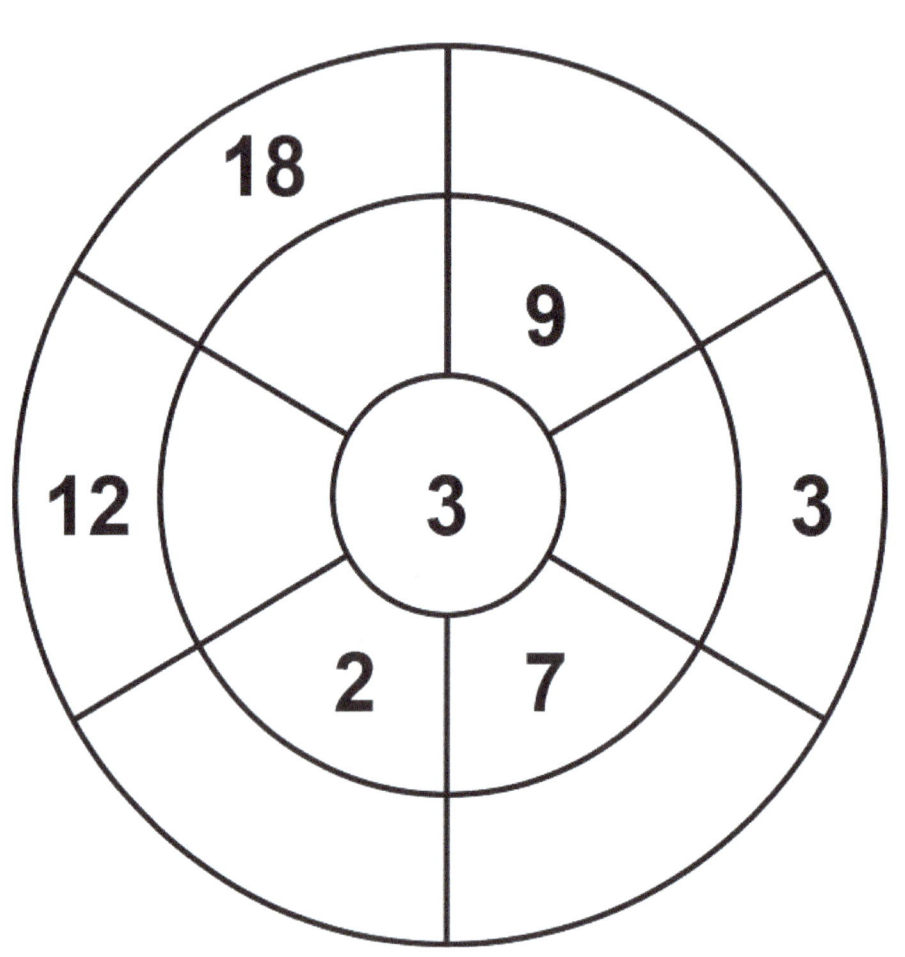

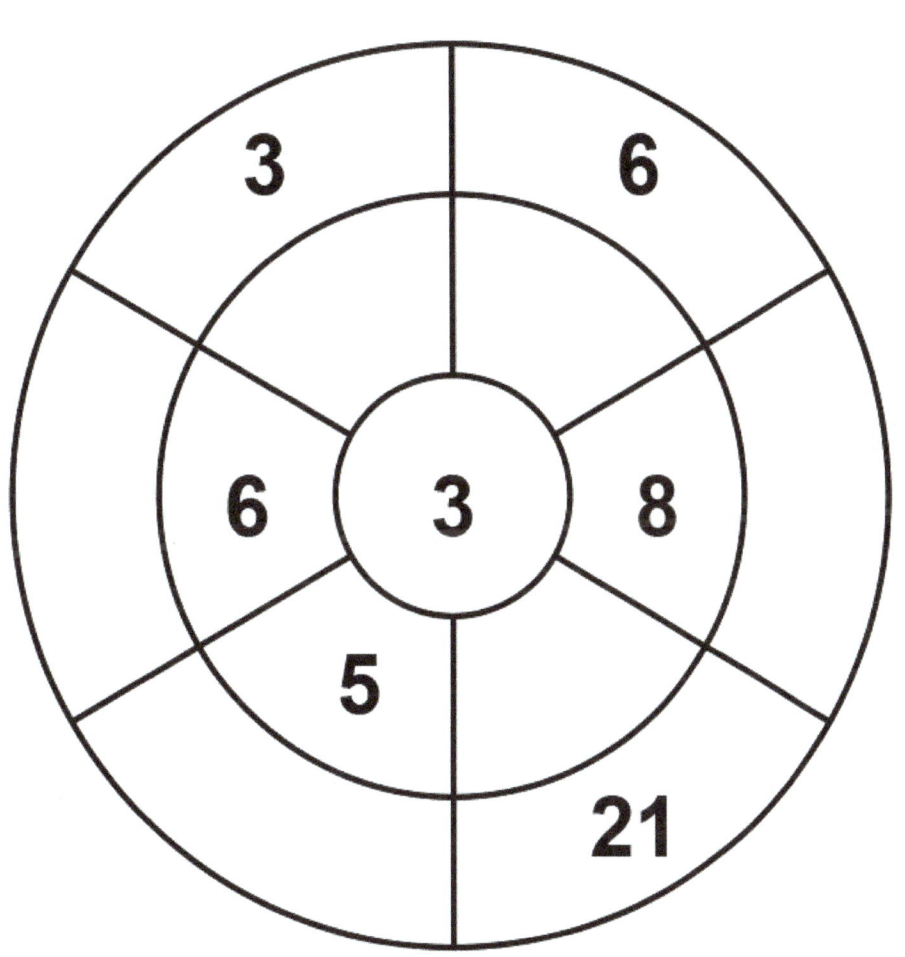

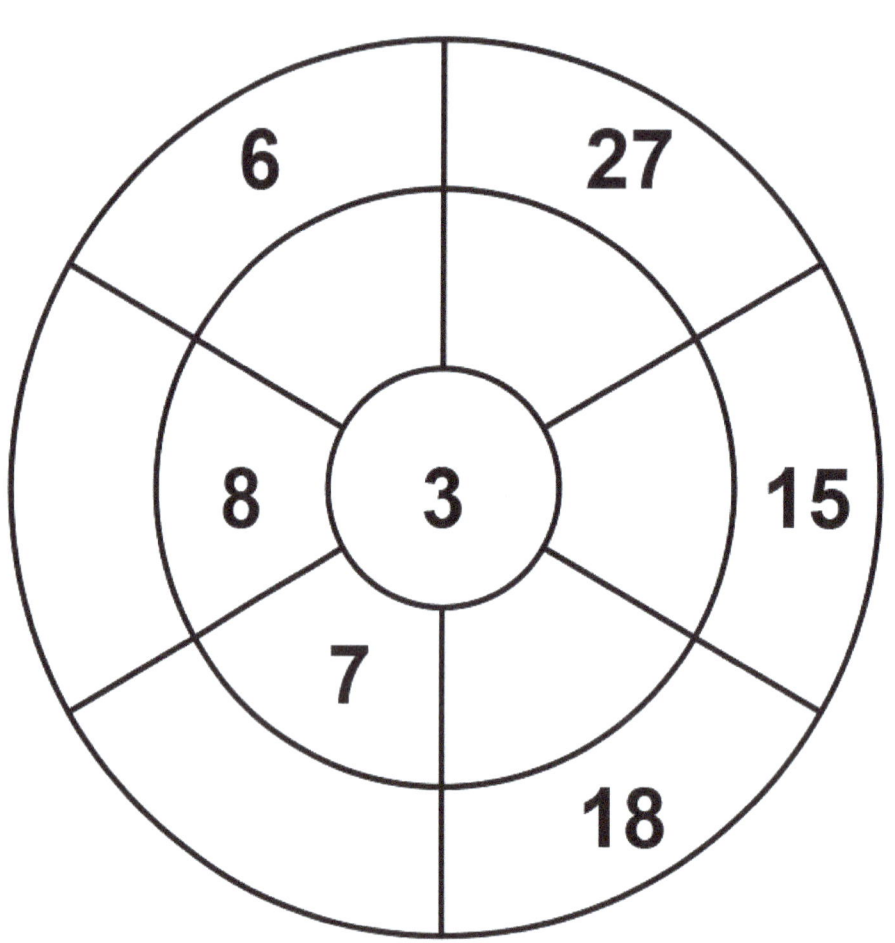

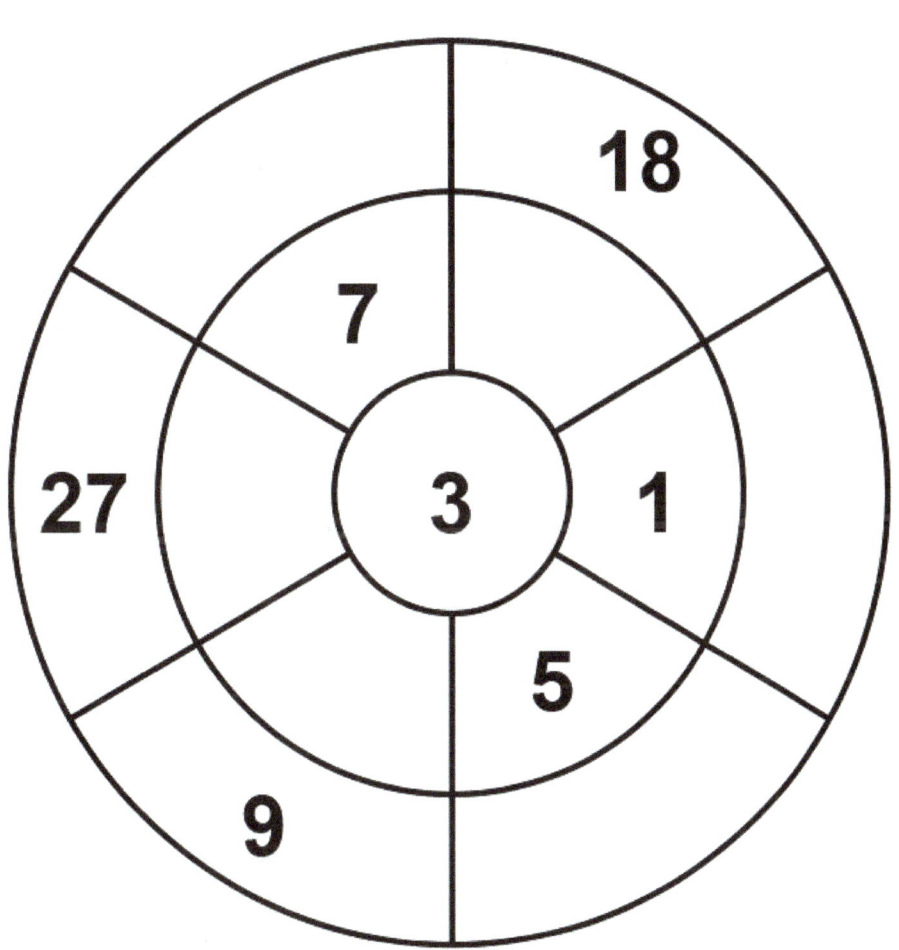

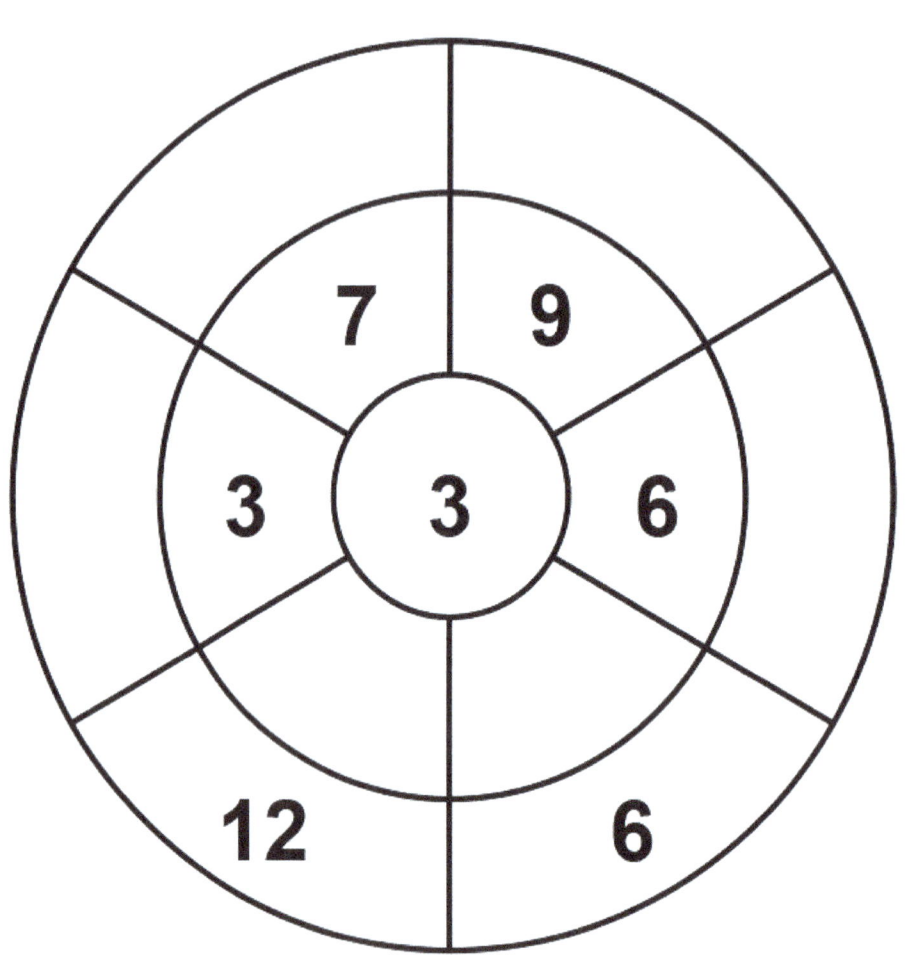

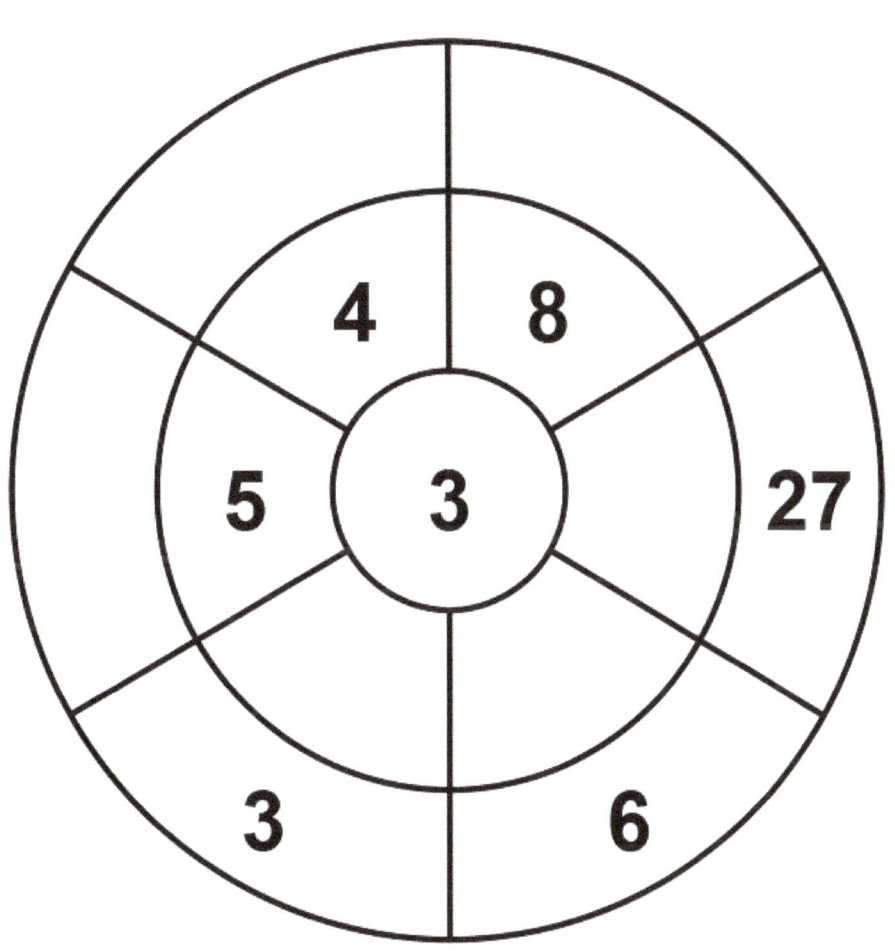

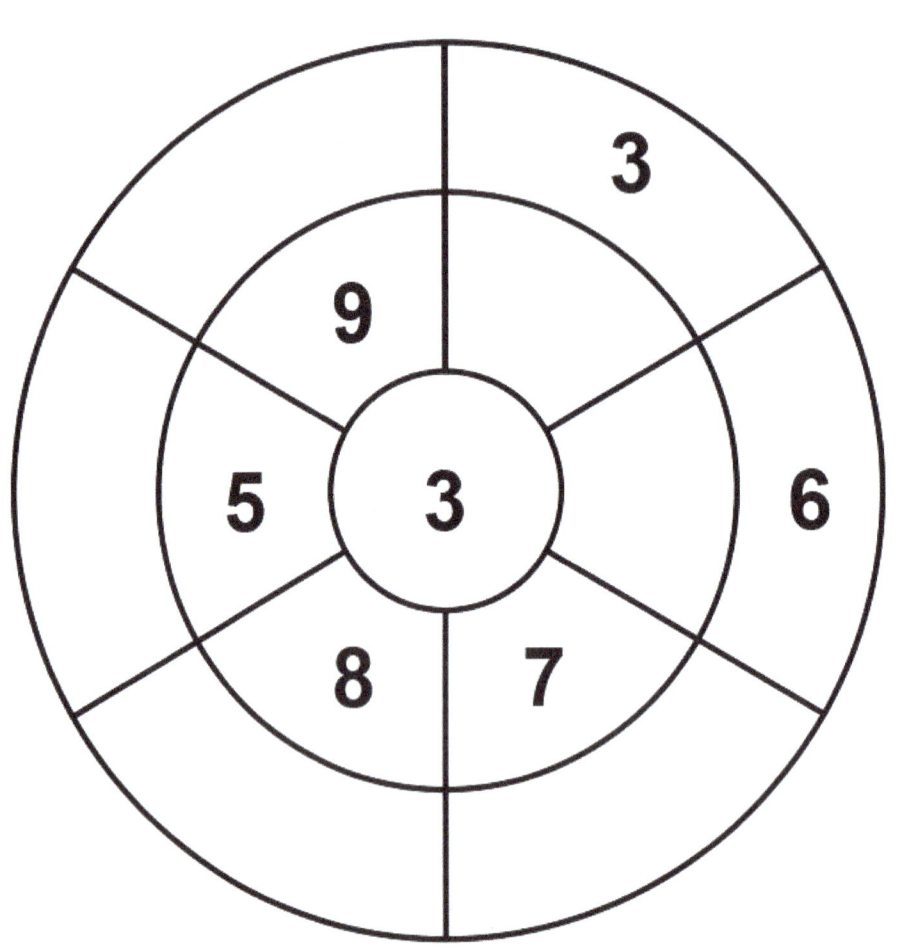

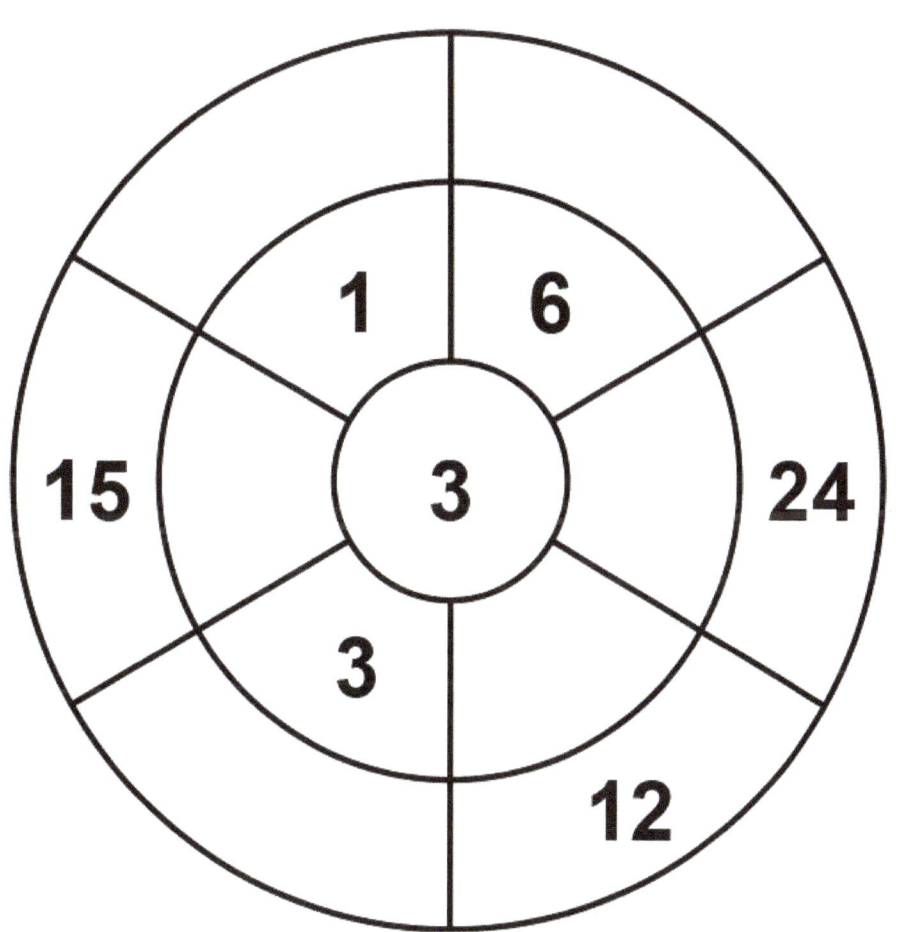

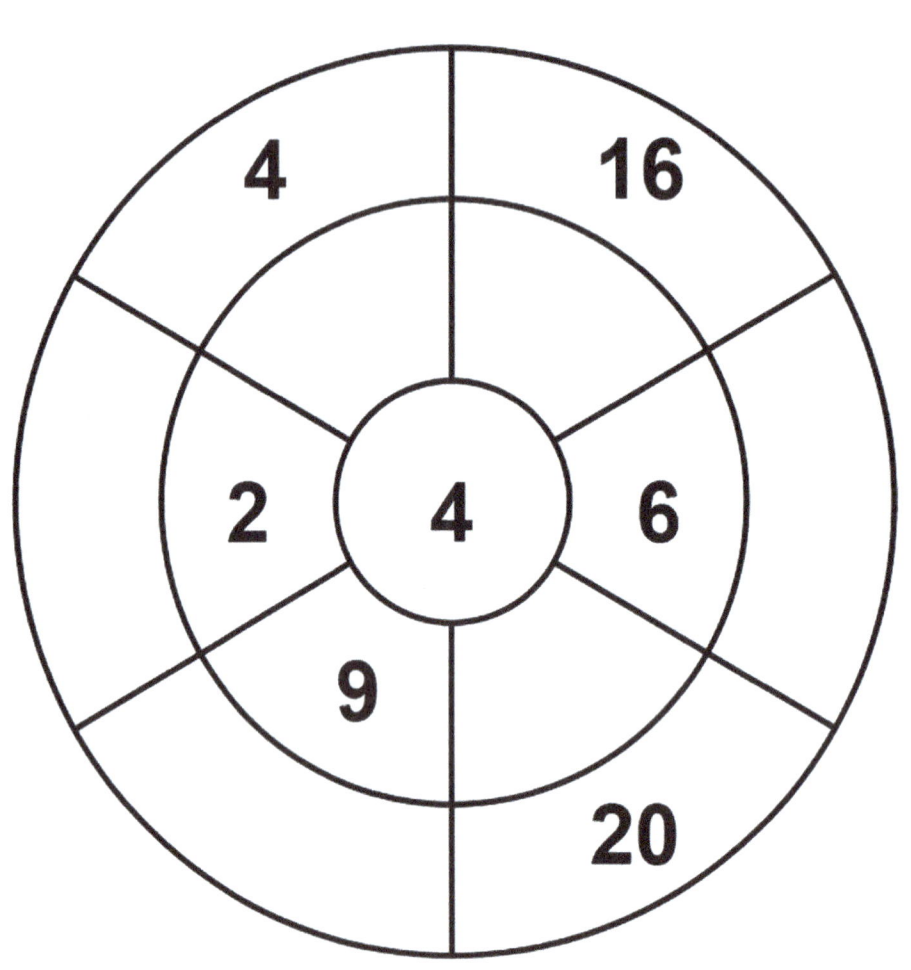

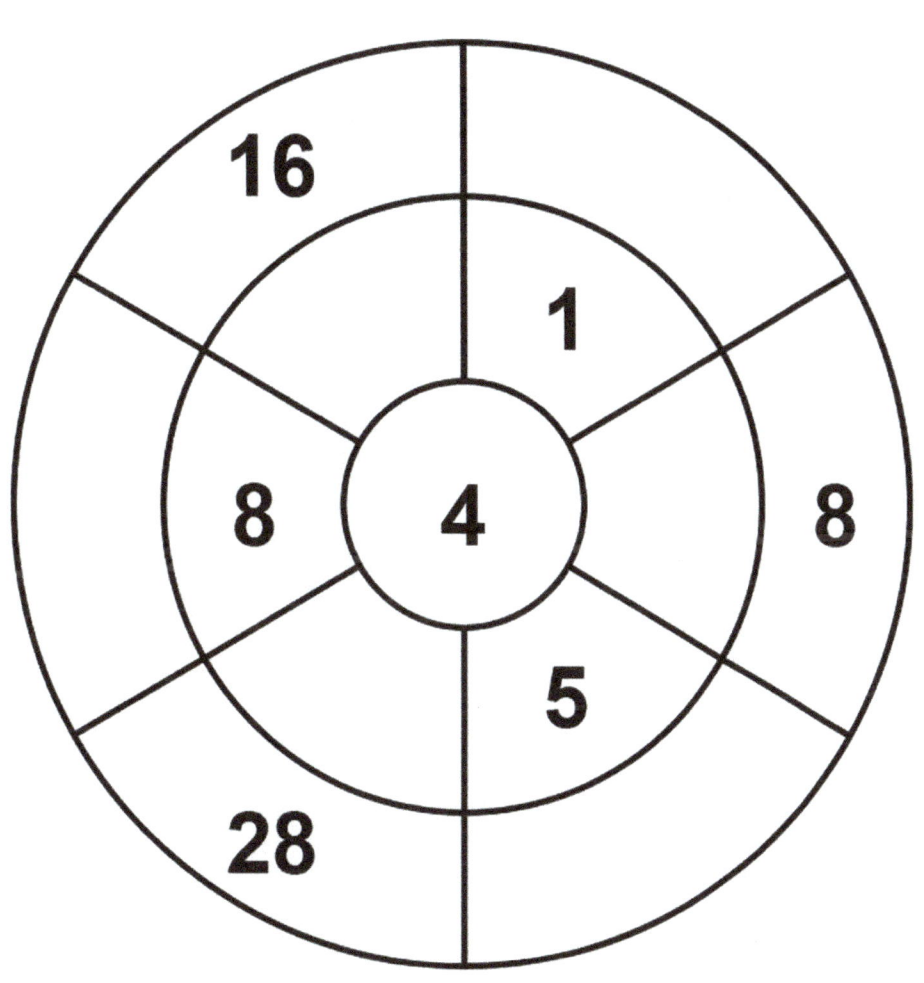

ANSWERS

BASIC MULTIPLICATION

1) 1 x 5 = 5
2) 6 x 3 = 18
3) 1 x 3 = 3
4) 2 x 2 = 4
5) 15 x 2 = 30
6) 6 x 1 = 6
7) 17 x 2 = 34
8) 7 x 2 = 14
9) 15 x 5 = 75
10) 14 x 4 = 56
11) 4 x 2 = 8
12) 10 x 3 = 30
13) 15 x 2 = 30
14) 18 x 5 = 90
15) 5 x 4 = 20
16) 19 x 3 = 57
17) 19 x 2 = 38
18) 10 x 2 = 20
19) 9 x 4 = 36
20) 4 x 4 = 16
21) 15 x 3 = 45
22) 8 x 3 = 24
23) 8 x 4 = 32
24) 7 x 1 = 7
25) 17 x 1 = 17
26) 4 x 1 = 4
27) 2 x 2 = 4
28) 16 x 4 = 64
29) 11 x 5 = 55
30) 12 x 3 = 36
31) 7 x 2 = 14
32) 20 x 3 = 60
33) 2 x 3 = 6
34) 4 x 13 = 52
35) 4 x 10 = 40
36) 3 x 4 = 12
37) 3 x 6 = 18
38) 4 x 5 = 20
39) 3 x 3 = 9
40) 2 x 5 = 10
41) 4 x 12 = 48
42) 3 x 5 = 15
43) 4 x 9 = 36
44) 3 x 11 = 33
45) 2 x 8 = 16
46) 5 x 6 = 30
47) 4 x 4 = 16
48) 4 x 13 = 52
49) 2 x 4 = 8
50) 2 x 14 = 28
51) 5 x 10 = 50
52) 4 x 15 = 60
53) 2 x 10 = 20
54) 2 x 10 = 20
55) 2 x 11 = 22
56) 5 x 12 = 60
57) 5 x 1 = 5
58) 4 x 10 = 40
59) 5 x 7 = 35
60) 3 x 12 = 36
61) 3 x 12 = 36
62) 4 x 8 = 32
63) 2 x 7 = 14
64) 4 x 1 = 4
65) 17 x 2 = 34
66) 11 x 2 = 22
67) 15 x 2 = 30
68) 18 x 2 = 36
69) 22 x 2 = 44
70) 18 x 2 = 36

FIND THE MISSING FACTORS

1) 2 x 7 = 14
2) 8 x 7 = 56
3) 21 = 3 x 7
4) 6 x 7 = 42
5) 42 = 7 x 6
6) 18 = 6 x 3
7) 3 x 8 = 24
8) 25 = 5 x 5
9) 56 = 8 x 7
10) 8 x 7 = 56
11) 56 = 8 x 7
12) 8 x 2 = 16
13) 7 x 2 = 14
14) 8 x 8 = 64
15) 3 x 3 = 9
16) 10 = 5 x 2
17) 5 x 6 = 30
18) 48 = 8 x 6
19) 12 = 6 x 2
20) 5 x 2 = 10
21) 16 = 2 x 8
22) 10 = 5 x 2
23) 8 x 2 = 16
24) 8 = 4 x 2
25) 4 x 4 = 16
26) 6 x 7 = 42
27) 2 x 6 = 12
28) 40 = 5 x 8
29) 30 = 5 x 6
30) 7 x 3 = 21

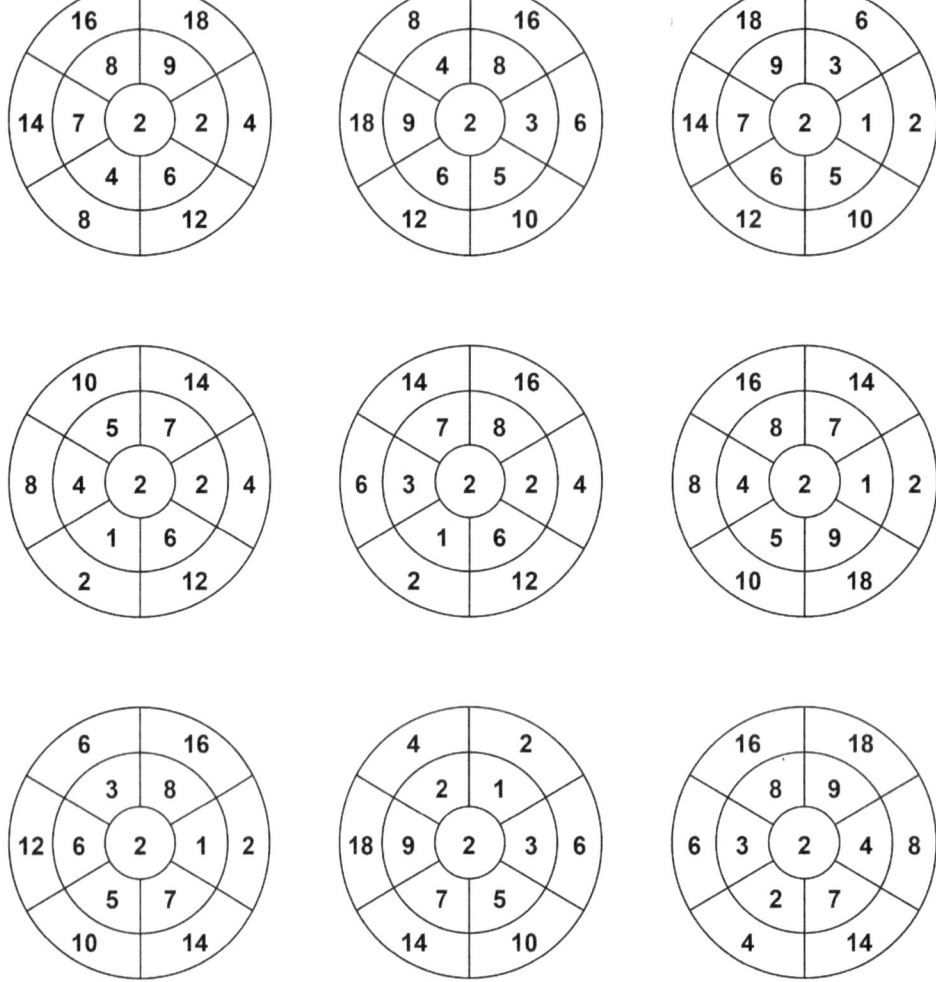

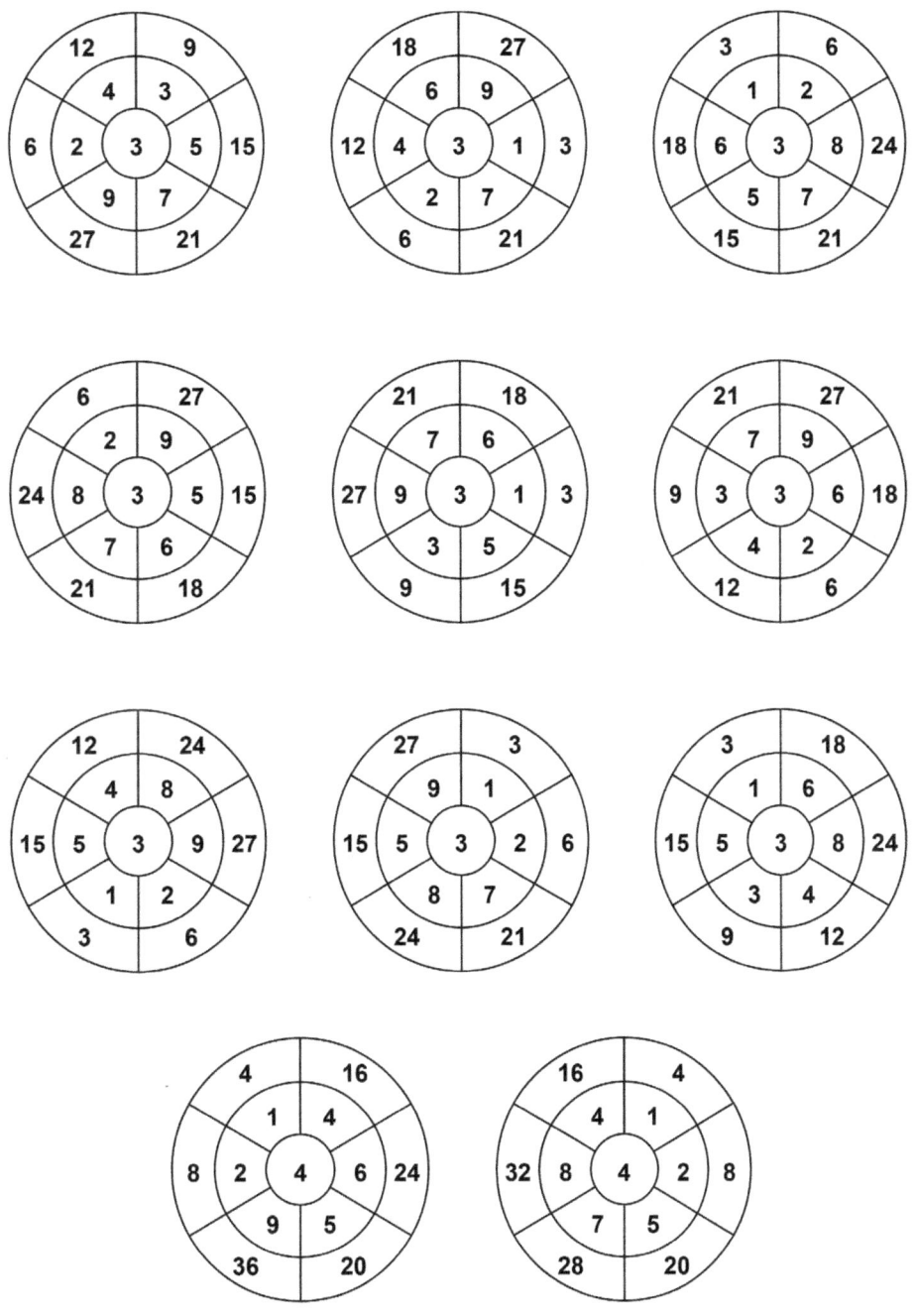

www.ingramcontent.com/pod-product-compliance
Lightning Source LLC
LaVergne TN
LVHW082254070426
835507LV00037B/2282

9 781683 212836